Französisch-Stars

4

nach einer Vorlage von

Barbara Gleich
Irene Reindl
Katrin Schmidt
Britta Schöpe

Bearbeitet für das Französische von

Nicole Weinmann

Illustriert von

Martina Mair und
Wilfried Poll

📕 Lis la bande dessinée.

La rentrée

1. Écris le bon signe (< , >).

Setze das richtige Zeichen ein: > (größer als) oder < (kleiner als)

vingt ◯ douze

quinze ◯ treize

quatorze ◯ dix-neuf

onze ◯ seize

dix-huit ◯ vingt

dix-sept ◯ quinze

2. Calcule et écris.

dix-huit   douze   dix-neuf
quinze   vingt   onze   quatorze

Rechne und schreibe die Ergebnisse als Wörter.

trois · six = _____

quatre · trois = _____

dix + neuf = _____

cinq · trois = _____

deux · dix = _____

six + cinq = _____

deux · sept = _____

3. Combien ça coûte? Écris.

L'hélicoptère coûte __trente__ €.

L'ours en peluche coûte _____ €.

Le jeu vidéo coûte _____ €.

Les rollers coûtent _____ €.

La robe coûte _____ €.

Les bottes coûtent _____ €.

Le t-shirt coûte _____ €.

Les chaussures coûtent _____ €.

Le pantalon coûte _____ €.

J'adore faire du shopping.

vingt	**trente**	**quarante**	**cinquante**	**soixante**
soixante-dix	**quatre-vingt**	**quatre-vingt-dix**	**cent**	

1. Cherche les mots cachés, puis complète les phrases.

s	a	l	l	e	d	e	b	a	i	n	s
a	b	u	p	s	q	c	y	l	m	w	c
l	s	m	s	c	u	i	s	i	n	e	l
v	b	p	a	a	p	q	w	e	e	f	i
k	t	o	i	l	e	t	t	e	s	e	o
j	a	r	d	i	n	o	z	y	a	n	b
l	i	t	d	e	c	q	u	k	l	ê	a
a	f	e	c	r	w	o	r	z	o	t	w
t	b	q	p	s	e	t	f	l	n	r	h
c	h	a	m	b	r	e	g	d	u	e	r
e	t	o	g	a	r	a	g	e	c	v	g

Suche die Wörter senkrecht und waagrecht. Kreise ein. Trage dann unten die durcheinandergeratenen Wörter richtig ein.

le **salon**
la **porte**
le **jardin**
le **garage**
la **fenêtre**
la **cuisine**
les **toilettes**
la **chambre**
les **escaliers**
la **salle de bains**

Claire prépare le repas dans la **icsunei** _____ .

Maman regarde la télé dans le **lnoas** _____ .

La voiture est dans le **eragag** _____ .

Papa dort dans la **berhacm** _____ .

Jean joue au foot dans le **dnijra** _____ .

Marie prend un bain dans la **lelas ed sniab** _____ .

Plume lit sur les **tetiotels** _____ .

2. Qu'est-ce que c'est? Complète les mots et relie.

> Was hat sich hinter den Bildausschnitten versteckt? Vervollständige erst die Wörter und verbinde dann mit dem richtigen Bild.

la ch _ _ se

la _ ab _ _ _

le _ it

la l _ m _ e

l'a _ moi _ _ _

le c _ n _ _ é

le b _ _ eau

l'é _ _ gè _ e

**la lampe
la table
le lit
le canapé
l'armoire
le bureau
la chaise
l'étagère**

3. Cherche les meubles et colorie-les en marron. Que vois-tu?

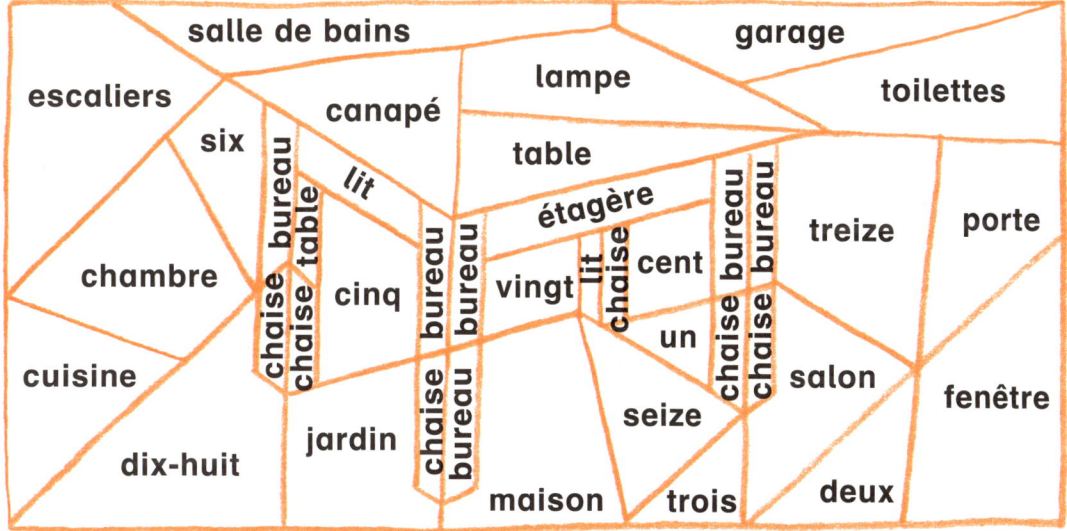

Je vois une _____ .

 4. Décris les pièces et complète les phrases.

Was gibt es alles in den verschiedenen Räumen zu sehen? Schreibe auf. Pass bei armoire und armoire**s** auf.

Dans la _____, il y a un _____

et deux _____ .

| chambre |
| cuisine |
| salon |

Dans le _____, il y a un _____,

une _____, une _____ et trois _____ .

armoire	armoires
lampe	canapé
chaises	table (2x)
lit	étagères

Dans la _____, il y a une _____

avec quatre _____ et une _____.

📕₁₂³5. Lis et numérote.

Welche Beschreibung passt zu welchem Zimmer?

○ Ma chambre est violette. J'ai une table avec trois chaises et un lit rose. Les toilettes sont roses et j'ai un petit jardin.

○ Dans ma chambre, il y a un petit lit, un petit bureau avec une chaise et deux grandes étagères.

○ Je vis dans une chambre très sombre. Dans ma chambre, il y a un canapé rouge et une armoire noire. Je n'aime pas les lampes.

6. Lis la bande dessinée.

As-tu une chambre pour moi?

1. Cherche les mots. Relie et écris.

_____

_____

| la **moutarde** | la **salade** | le **jambon** | le **fromage** |
| la **baguette** | le **ketchup** | la **tomate** | le **concombre** |

2. Lis et relie.

J'aime la baguette avec des tomates, du fromage et des concombres.

J'aime la baguette avec de la moutarde, du jambon, de la salade et du ketchup.

J'aime la baguette avec du jambon, du fromage et de la salade.

3. Qu'est-ce que c'est? Lis et complète les phrases.

Elle est marron clair et longue.   C'est _____ .

Il est vert et long.   C'est _____ .

Il est jaune et la souris l'aime.   C'est _____ .

Elle est jaune aussi, mais ce
n'est pas le fromage.   C'est _____ .

Elle est verte et elle a des feuilles.   C'est _____ .

Il est rose et vient d'un animal.   C'est _____ .

Elle est rouge et elle est comme
un petit ballon.   C'est _____ .

Il est rouge, mais ce n'est
pas la tomate.   C'est _____ .

> **la baguette**   **la tomate**   **le fromage**   **le jambon**
> **le concombre**   **le ketchup**   **la moutarde**   **la salade**

4. Écris et relie.

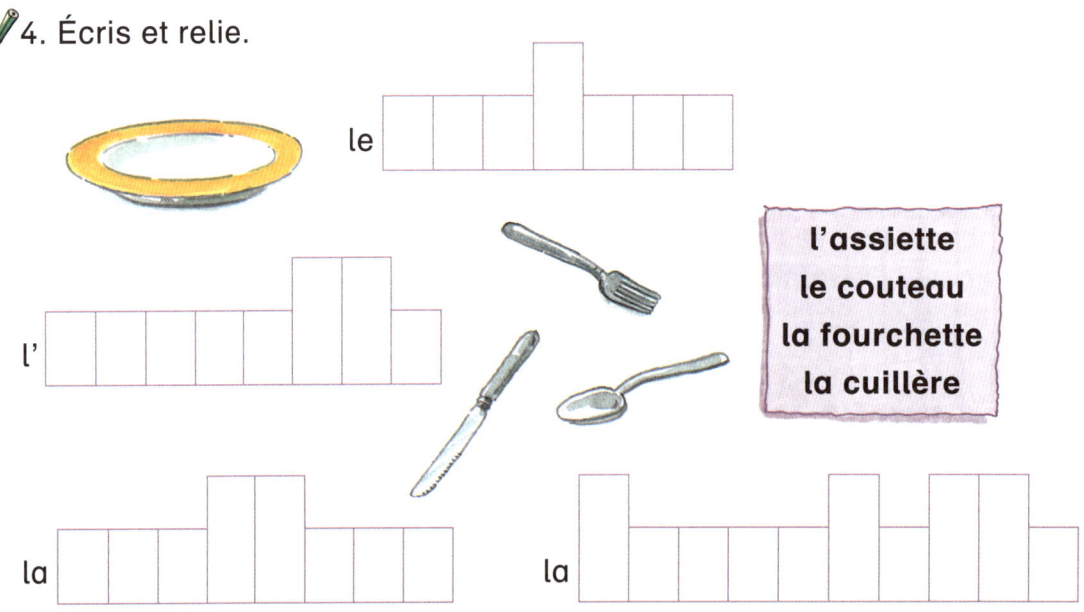

le ⬚⬚⬚⬚⬚⬚⬚

l' ⬚⬚⬚⬚⬚⬚⬚

la ⬚⬚⬚⬚⬚⬚⬚⬚

la ⬚⬚⬚⬚⬚⬚⬚⬚

> **l'assiette**
> **le couteau**
> **la fourchette**
> **la cuillère**

123 5. Qu'est-ce qu'il y a à manger? Numérote et écris.

1. quiche lorraine	€ 4,50	4. soupe de	€ 3,00
2. steak haché	€ 6,00	tomates	
avec des frites		5. pizza	€ 5,00
3. poisson avec	€ 7,50	6. spaghetti	€ 5,50
de la salade			

6. Mets les phrases dans le bon ordre.

| la soupe de tomates | Je voudrais | et la quiche |

_____

_____ .

Die bestellen ja alles völlig verdreht! Schreibe es richtig auf.

| avec des frites | Je voudrais | le steak haché | et la pizza |

_____

_____ .

| Je voudrais | et le poisson avec de la salade | les spaghetti |

_____

_____ .

13

7. Complète le dialogue. Écris.

Qu'est-ce que vous désirez à _____ ?

Nous voudrions _____ _____ et _____ , s'il vous plaît.

Vous désirez aussi quelque chose à _____ ?

Nous voudrions _____ et _____ s'il vous plaît.

Voilà.

_____ .

Ça fait 20 Euro.

_____ .

une pizza   boire   manger   Voilà   Merci beaucoup
un coca   une limonade   une quiche lorraine

8. Lis la bande dessinée.

Plume aime les bonbons

Zeichne die Uhrzeiger richtig ein und spure dann die Sätze nach.

✏️ 1. Dessine les aiguilles. Écris.

Il est deux heures.

Il est sept heures et demie.

Il est onze heures et demie.

✏️ 2. Quelle heure est-il? Écris.

   Il est trois heures .

 _____ .

 _____ .

_____ .

midi

huit heures et demie
midi / minuit   neuf

minuit

3. Écris et relie.

La journée de Claire

| me couche et je dors   fais mes devoirs |
| joue avec des amis   me lève |
| vais à l'école   prends le petit-déjeuner |

Je prends le
petit-déjeuner

Je _____
_____

le matin.

Je _____
_____

l'après-midi.

Je _____
_____

le soir / la nuit.

Je _____
_____

Je _____
_____

4. Une interview. Lis et complète les phrases.

| toi | Jérôme   |

Salut Jérôme.

Salut _____ (ton nom).

À quelle heure te lèves-tu?

Je me lève à

_____ heures.

À quelle heure commence l'école?

L'école commence à

_____

_____ .

À quelle heure fais-tu tes devoirs?

Je fais mes devoirs à

_____ .

À quelle heure joues-tu avec tes amis?

Je joue avec mes amis à

_____ .

À quelle heure te couches-tu?

Je me couche à

_____ .

Merci pour l'interview.
Au revoir.

Avec plaisir.
Au revoir.

5. Lis la bande dessinée.

C'est l'heure du petit-déjeuner?

1. Repasse sur les lignes et complète les phrases.

_____ aime faire du vélo.

_____ aime lire des livres.

_____ aime nager.

_____ aime faire du cheval.

_____ aime jouer au foot.

_____ aime faire du ski.

_____ aime jouer du piano.

_____ aime faire du patin à glace.

_____ aime jouer de la guitare.

2. Devine les loisirs. Lis et complète les phrases.

> Mon loisir préféré est jouer **un instrument**. Mon instrument est très grand. Je peux jouer beaucoup de chansons.

> **En été**, c'est le loisir parfait. Je saute dans **l'eau** et je suis très contente.

> Je fais mon loisir préféré avec **un animal**. L'animal aime manger de l'herbe, des pommes et des carottes. C'est un grand animal.

Amélie

Alain

Paul

> Je peux faire mon loisir préféré partout. J'ai juste besoin d'**un livre**.

Thierry

Clara

Cécile

> Pour mon loisir, j'ai besoin d'**un ballon**. Je shoote dans le ballon.

> Je fais mon loisir préféré **en hiver**. Je vais à la montagne. J'aime la neige.

Le loisir préféré de Clara est _____ .

Le loisir préféré de Thierry est _____ .

Le loisir préféré d'Amélie est _____ .

Le loisir préféré de Paul est _____ .

Le loisir préféré de Cécile est

_____ .

Le loisir préféré d'Alain est

_____ .

| **faire du ski** | **lire des livres** | **faire du cheval** |
| **nager** | **jouer du piano** | **jouer au foot** |

3. Regarde les images et écris.

Lea

Louis

Christophe

Lea, tu aimes jouer au tennis? _____ Oui, j'aime.

Louis, tu aimes jouer au foot? _____ Non, je n'aime pas.

Lea, tu aimes faire du patin à glace? _____

Christophe, tu aimes faire du cheval? _____

Louis, tu aimes jouer au tennis? _____

Lea, tu aimes jouer de la guitare? _____

Christophe, tu aimes jouer au basket? _____

Louis, tu aimes nager? _____

Christophe, tu aimes faire du skateboard? _____

Et toi, qu'est-ce que tu aimes faire?

J'aime _____

_____.

 **4.** Lis et écris.

 Salut. Comment tu t'appelles?

 Bonjour. Je m'appelle Pierre.

Comment _____?

 _____ Alizée.

Quel est ton loisir préféré?

 Mon _____ préféré est _____

_____ ____ .

Quel est ton loisir préféré?

 J'aime _____ aussi.

Tu veux jouer ensemble?

 Super idée!
On y va.

Et moi, j'aime jouer
au foot aussi.

1. Aux magasins. complète les phrases.

Au supermarché, j'achète _____ .

Au magasin de musique, j'achète _____ .

Au magasin de vêtements, j'achète _____ .

Au magasin de friandises, j'achète _____ .

Au magasin de jouets, j'achète _____ .

À la librairie, j'achète _____ .

Au magasin de sport, j'achète _____ .

Au magasin de chaussures, j'achète _____ .

un jus d'orange	un CD	un livre	des chaussures
des bonbons	un pull	des rollers	un ours en peluche

2. Au magasin de vêtements. Écris.

Le manteau est trop grand .

La robe est trop petite .

_____ .

_____ .

> Wenn du den Artikel **la** benutzt, kommt bei **grand** und **petit** ein **e** dran: grande – petite

_____ .

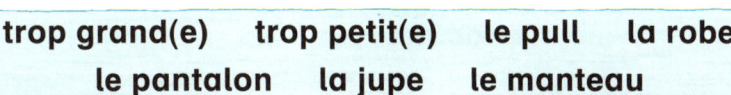

trop grand(e)   trop petit(e)   le pull   la robe
le pantalon   la jupe   le manteau

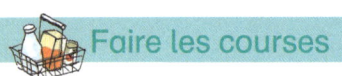

> Wem gehört welcher Einkaufskorb? Ergänze die fehlenden Dinge.

3. Au supermarché. À qui est le panier?
Qu'est-ce qui manque sur la liste? Écris.

_____

_____

_____

_____

Sarah
café, œufs, _____

_____

_____

Gilbert
bananes, lait, _____

_____

_____

André
ananas, fromage, _____

_____

_____

Mia
baguette, coca, _____

_____

_____

beurre	miel	limonade	cerises	confiture	lait	oranges

eau minérale   chocolat   œufs   fromage

jus de pomme   céréales   bonbons   croissants   yaourt

1234. Au magasin de sports. Lis et numérote.

Il coûte 30 €.

Voilà. Au revoir.

Merci beaucoup.
Au revoir.

Bonjour, puis-je t'aider?

Bonjour. Je voudrais un nouveau skateboard.

Les skateboards sont ici.
La couleur te plaît?

Non, désolé. Je n'aime
pas le rouge.

Le skateboard vert te plaît?

C'est parfait. Vert est ma
couleur préférée.

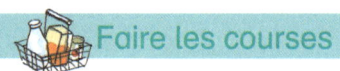

5. Lis la bande dessinée.

Plume fait les courses

✏ 1. Trouve les mots corrects et écris.

— — — — — — —
18 12 8 16 17 14 4

— — — —
18 5 9 12

— — — — —
1 18 8 12 11

— — — — — —
3 1 10 8 12 11

1 = a	7 = h	13 = p
2 = b	8 = i	14 = r
3 = c	9 = l	15 = s
4 = e	10 = m	16 = t
5 = é	11 = n	17 = u
6 = è	12 = o	18 = v

 — — — — —
10 5 16 14 12

— — — — —
16 14 1 8 11

— — — — — —
2 1 16 4 1 17

— — — — — — — — — — —
7 5 9 8 3 12 13 16 6 14 4

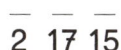

— — —
2 17 15

2. Plume aime voyager. Complète les phrases.

le train	le bateau	la voiture	l'avion

Pour aller à Marseille, je prends _____ .

Pour aller à Paris, je prends _____ .

Pour voyager sur la Loire, je prends _____ .

Pour aller à Strasbourg, je prends _____ .

3. Repasse sur les lignes et complète les phrases.

Frédéric prend _____ .

Sandrine prend _____ .

Philippe prend _____ .

Anne prend _____ .

4. Numérote les panneaux.

① **va tout droit**

② **tourne à droite**

③ **tourne à gauche**

5. Où vont les enfants? Trouve le chemin.

Lies die Wegbeschreibungen. Fahre mit Buntstift nach. In welche Geschäfte gehen die Kinder?

Davy: Tourne à gauche, va tout droit, tourne à gauche encore une fois et puis tourne à droite.

Davy va à la _____ .

Julie: Va tout droit, tourne à droite, va tout droit et tourne à droite encore une fois.

Julie va au _____ .

Kim: Tourne à droite, va tout droit, tourne à gauche, va tout droit et tourne à gauche encore une fois.

Kim va au _____ .

Lies erst die Wegbeschreibung und fahre den Weg auf dem Plan nach. Verbinde dann die Frage mit der richtigen Wegbeschreibung.

6. Regarde la carte. Lis et repasse sur le chemin.
Relie les questions aux bonnes réponses. Écris.

Quel est le chemin pour aller au cinéma, s'il vous plaît?

Va tout droit. Tourne à droite dans la rue des Arbres. Tourne à gauche dans la rue du Fleuve.

Le _____ est sur la droite.

Quel est le chemin pour aller à la librairie, s'il vous plaît?

Tourne à gauche dans la rue de l'Église. Tourne à droite dans la rue de l'École. Tourne à droite encore une fois dans la rue Principale.

Le _____ est sur la gauche.

Quel est le chemin pour aller au magasin de sports, s'il vous plaît?

Tourne à gauche dans la rue de l'Église. Va tout droit. Tourne à droite dans la rue de l'École. Traverse la rue Principale.

La _____ est sur la droite.

32

Informationen für Eltern und Lehrkräfte

Französisch spielerisch üben mit den Französisch-Stars

Aufbau und Gestaltung der Französisch-Stars

Mit den Französisch-Stars üben und sichern die Kinder auf spielerische Weise den für die Grundschule wichtigen Wortschatz sowie ihr Lese- und Schreibvermögen. Abwechslungsreiche Übungsformen und ansprechende Illustrationen motivieren, Wörter und Strukturen vielfältig anzuwenden.

Der Hahn Plume ist dabei ständiger Begleiter. Die beiden deutschsprachigen Kinder Lisa und Max unterstützen mit Tipps und Hilfestellungen.

Die Französisch-Stars sind unterteilt in verschiedene Themenbereiche, die unabhängig voneinander bearbeitet werden können. Zusätzlich bieten sie im Anhang ein Dictionnaire en images (Bildwörterbuch). Zu jedem Thema gibt es dort eine Seite, die den Wortschatz einführt. Daher ist es empfehlenswert, diese jeweils als Erstes zu bearbeiten.
Im Anschluss folgen vielfältige Übungen zur

Wortschatzwiederholung und -sicherung sowie zur Sicherung des Lese- und Schreibvermögens, z.B. Zuordnungsaufgaben, Bilderrätsel und Dialoge. Lustige Comics mit Plume zeigen den Kindern, wie viel sie schon selbstständig lesen und verstehen können.
Eindeutige Aufgabenstellungen und Selbstkontrolle durch den Lösungsteil ermöglichen den Kindern, eigenständig mit den Französisch-Stars zu arbeiten.

Für jede Seite im Dictionnaire en images, nach jedem Thema und für besonders schwierige Aufgaben (Sternchenaufgaben) dürfen sich die Kinder mit einem Sternchen-Aufkleber belohnen. Als besonderer Anreiz ergeben die Sterne am Ende des Heftes ein Gesamtbild.

Die Französisch-Stars dienen der spielerischen und zwanglosen Auseinandersetzung mit Französisch und fördern die Freude am Erlernen der Fremdsprache.

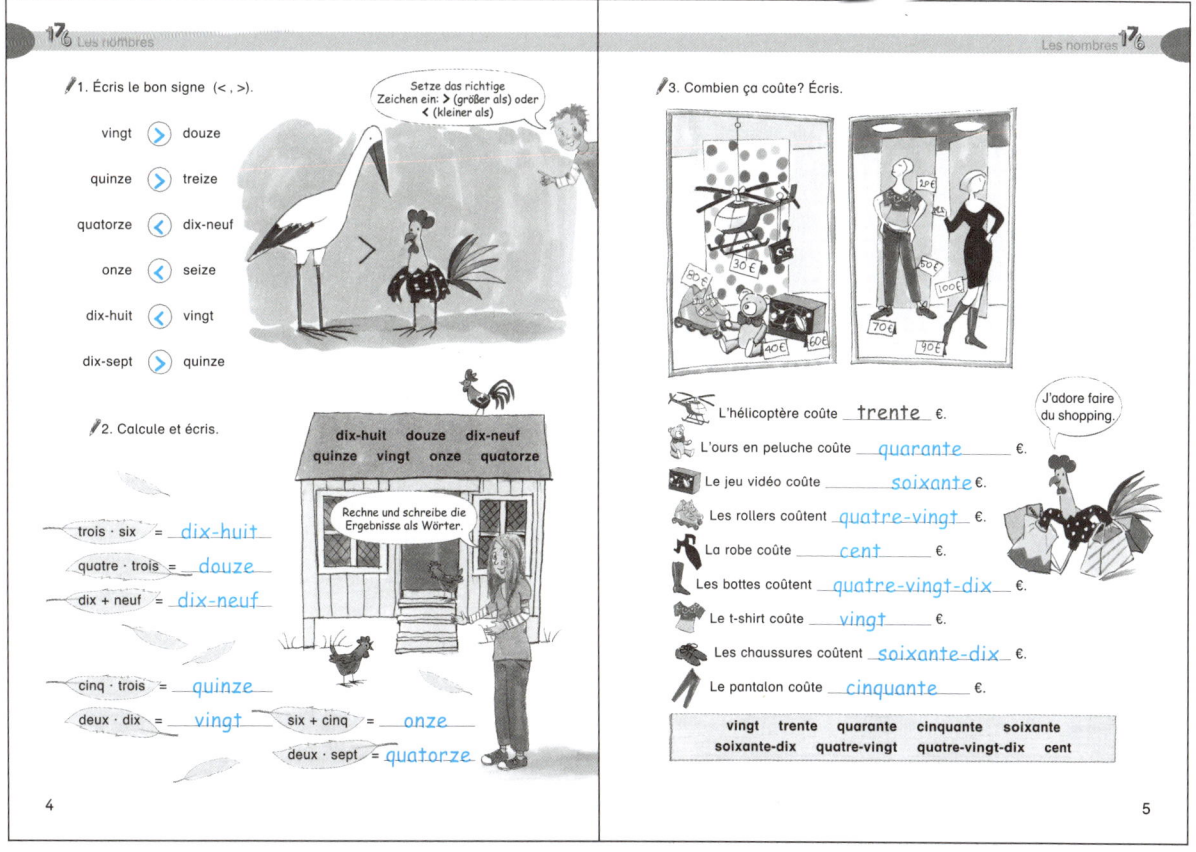

Lösungen

1. Cherche les mots cachés, puis complète les phrases.

s	a	l	l	e	d	e	b	a	i	n	s
a	b	u	p	s	q	c	y	l	m	w	c
l	s	m	s	c	u	i	s	i	n	e	l
v	b	p	a	a	p	q	w	e	e	f	i
k	t	o	i	l	e	t	t	e	s	e	o
j	a	r	d	i	n	o	z	y	a	n	b
l	i	t	d	e	c	q	u	k	l	ê	a
a	f	e	c	r	w	o	r	z	o	t	w
t	b	q	p	s	e	t	f	l	n	r	h
c	h	a	m	b	r	e	g	d	u	e	r
e	t	o	g	a	r	a	g	e	c	v	g

Suche die Wörter senkrecht und waagrecht. Kreise ein. Trage dann unten die durcheinandergeratenen Wörter richtig ein.

le **salon**
la **porte**
le **jardin**
le **garage**
la **fenêtre**
la **cuisine**
les **toilettes**
la **chambre**
les **escaliers**
la **salle de bains**

Claire prépare le repas dans la **icsunei** _cuisine_ .

Maman regarde la télé dans le **lnoas** _salon_ .

La voiture est dans le **eragag** _garage_ .

Papa dort dans la **berhacm** _chambre_ .

Jean joue au foot dans le **dnijra** _jardin_ .

Marie prend un bain dans la **lelas ed sniab** _salle de bains_ .

Plume lit sur les **tetiotels** _toilettes_ .

6

2. Qu'est-ce que c'est? Complète les mots et relie.

Was hat sich hinter den Bildausschnitten versteckt? Vervollständige erst die Wörter und verbinde dann mit dem richtigen Bild.

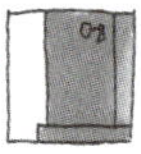

la ch **a i** se
la **t** ab **le**
le **l** it
la l **a m** p **e**
l'a **r** moi **re**
le c **a n a p** é
le b **ur** eau
l'é **t** a gè **r** e

la lampe
la table
le lit
le canapé
l'armoire
le bureau
la chaise
l'étagère

3. Cherche les meubles et colorie-les en marron. Que vois-tu?

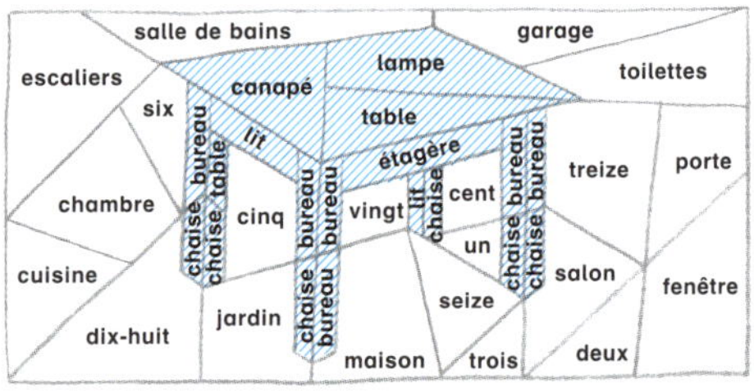

salle de bains			lampe		garage	
escaliers		canapé				toilettes
	six		table			
		lit		étagère		treize	porte
chambre				cent		
	cinq		vingt	un		salon	fenêtre
cuisine					seize		
dix-huit		jardin				deux	
			maison	trois			

(chaise bureau / chaise table / chaise bureau / bureau / chaise bureau / chaise bureau)

Je vois une _table_ .

7

4. Décris les pièces et complète les phrases.

Was gibt es alles in den verschiedenen Räumen zu sehen? Schreibe auf. Pass bei armoire und armoires auf.

Dans la _chambre_ , il y a un _lit_
et deux _armoires_ .

chambre
cuisine
salon

Dans le _salon_ , il y a un _canapé_ ,
une _table_ , une _lampe_ et trois _étagères_ .

armoire	armoires
lampe	canapé
chaises	table (2x)
lit	étagères

Dans la _cuisine_ , il y a une _table_
avec quatre _chaises_ et une _armoire_ . ☆

8

5. Lis et numérote.

Welche Beschreibung passt zu welchem Zimmer?

③ Ma chambre est violette. J'ai une table avec trois chaises et un lit rose. Les toilettes sont roses et j'ai un petit jardin.

① Dans ma chambre, il y a un petit lit, un petit bureau avec une chaise et deux grandes étagères.

② Je vis dans une chambre très sombre. Dans ma chambre, il y a un canapé rouge et une armoire noire. Je n'aime pas les lampes.

9

À la maison

6. Lis la bande dessinée.

As-tu une chambre pour moi?

Le déjeuner

1. Cherche les mots. Relie et écris.

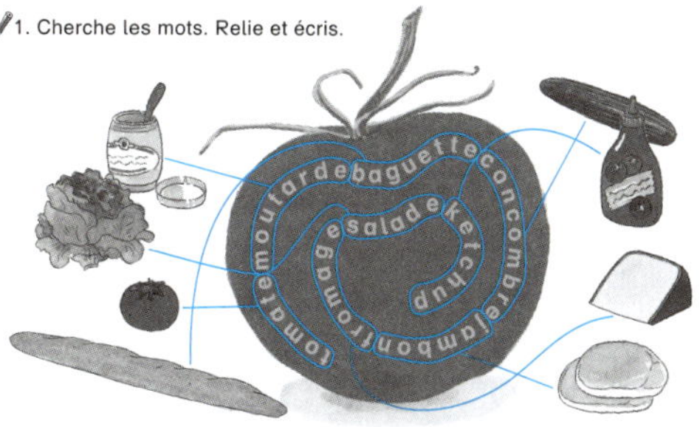

tomate, moutarde, baguette, concombre,
jambon, fromage, salade, ketchup

| la **moutarde** | la **salade** | le **jambon** | le **fromage** |
| la **baguette** | le **ketchup** | la **tomate** | le **concombre** |

2. Lis et relie.

J'aime la baguette avec des tomates, du fromage et des concombres.

J'aime la baguette avec de la moutarde, du jambon, de la salade et du ketchup.

J'aime la baguette avec du jambon, du fromage et de la salade.

10

11

Le déjeuner

3. Qu'est-ce que c'est? Lis et complète les phrases.

Elle est marron clair et longue. C'est __la baguette__.

Il est vert et long. C'est __le concombre__.

Il est jaune et la souris l'aime. C'est __le fromage__.

Elle est jaune aussi, mais ce n'est pas le fromage. C'est __la moutarde__.

Elle est verte et elle a des feuilles. C'est __la salade__.

Il est rose et vient d'un animal. C'est __le jambon__.

Elle est rouge et elle est comme un petit ballon. C'est __la tomate__.

Il est rouge, mais ce n'est pas la tomate. C'est __le ketchup__.

| la baguette | la tomate | le fromage | le jambon |
| le concombre | le ketchup | la moutarde | la salade |

4. Écris et relie.

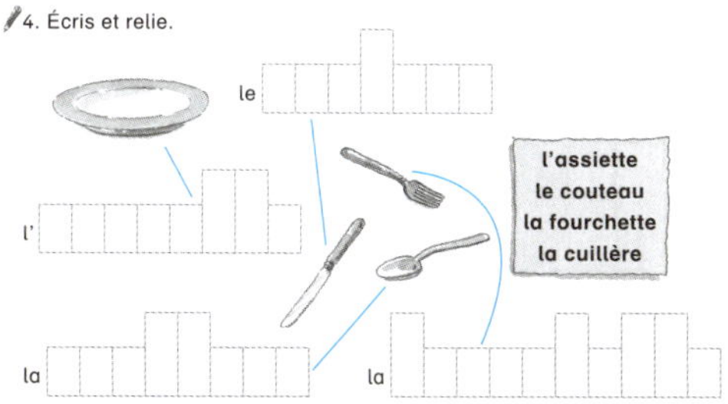

l'assiette
le couteau
la fourchette
la cuillère

Le déjeuner

5. Qu'est-ce qu'il y a à manger? Numérote et écris.

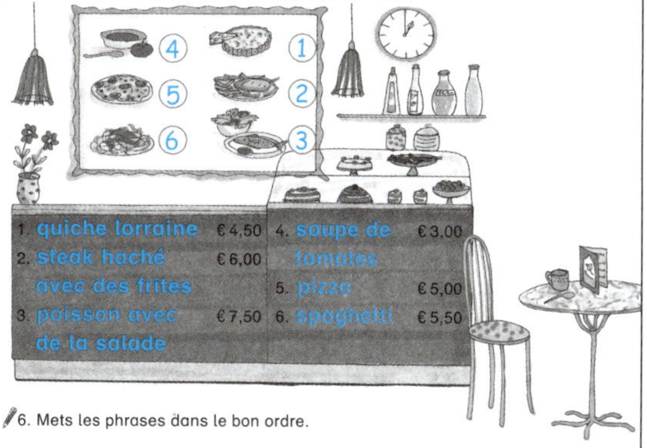

1. quiche lorraine	€4.50	4. soupe de tomates	€3.00
2. steak haché avec des frites	€6,00	5. pizza	€5,00
3. poisson avec de la salade	€7,50	6. spaghetti	€5,50

6. Mets les phrases dans le bon ordre.

la soupe de tomates | Je voudrais | et la quiche

__Je voudrais la soupe de tomates et la quiche__

Die bestellen ja alles völlig verdreht! Schreibe es richtig auf.

avec des frites | Je voudrais | le steak haché | et la pizza

__Je voudrais le steak haché avec des frites et la pizza__

Je voudrais | et le poisson avec de la salade | les spaghetti

__Je voudrais les spaghetti et le poisson avec de la salade__

12

13

Lösungen

7. Complète le dialogue. Écris.

Qu'est-ce que vous désirez à _manger_ ?

Nous voudrions _une quiche lorraine_ et _une pizza_ , s'il vous plaît.

Vous désirez aussi quelque chose à _boire_ ?

Nous voudrions _un coca_ et _une limonade_ s'il vous plaît.

Voilà.

Merci beaucoup .

Ça fait 20 Euro.

Voilà .

☆ une pizza   boire   manger   Voilà   Merci beaucoup
un coca   une limonade   une quiche lorraine

14

8. Lis la bande dessinée.

Plume aime les bonbons

RESTAURANT

J'ai faim..

Avez-vous une pizza aux bonbons?

Non, désolé.

PIZZA

Avez-vous des spaghetti aux bonbons?

Non, désolée.

SPAGHETTI

Avez-vous une salade aux bonbons?

Non, désolée.

SALADE

J'ai une super idée!

LE BONBON
PIZZA SPAGHETTI SALADE

La salade aux bonbons est géniale.

J'adore la pizza aux bonbons.

Les spaghetti aux bonbons sont super.

15

1. Dessine les aiguilles. Écris.

Zeichne die Uhrzeiger richtig ein und spure dann die Sätze nach.

Il est deux heures.

Il est sept heures et demie.

Il est onze heures et demie.

2. Quelle heure est-il? Écris.

Il est trois heures .

Il est huit heures et demie .

Il est midi / minuit

Il est neuf heures .

midi

minuit

huit heures et demie
midi / minuit   neuf

16

3. Écris et relie.

La journée de Claire

me couche et je dors   fais mes devoirs
joue avec des amis   me lève
vais à l'école   prends le petit-déjeuner

Je prends le
petit-déjeuner

Je _fais mes_
devoirs

le matin.

Je _me lève_

l'après-midi.

Je _joue avec_
des amis

le soir / la nuit.

Je _me couche_
et je dors

Je _vais à_
l'école

17

Ma journée

4. Une interview. Lis et complète les phrases.

toi | Jérôme

Salut Jérôme.

À quelle heure te lèves-tu?

À quelle heure commence l'école?

À quelle heure fais-tu tes devoirs?

À quelle heure joues-tu avec tes amis?

À quelle heure te couches-tu?

Merci pour l'interview.
Au revoir.

Salut _____ (ton nom).

Je me lève à _sept_ heures.

L'école commence à _huit heures_ _et demie_.

Je fais mes devoirs à _quatre heures_.

Je joue avec mes amis à _cinq heures_.

Je me couche à _neuf heures_.

Avec plaisir.
Au revoir.

18

Ma journée

5. Lis la bande dessinée.

C'est l'heure du petit-déjeuner?

Oh non, je suis trop fatigué pour me lever.

Je suis trop fatigué pour manger mon petit-déjeuner.

Plume, qu'est-ce que tu fais? Il est deux heures du matin.

Oh! C'est pour cela que je suis si fatigué...

Génial! Je peux me recoucher.

19

Loisirs et sports

1. Repasse sur les lignes et complète les phrases.

Marie Louis David Théo Anne Lea Luc Manou Julie

Louis aime **faire du vélo.**
Théo aime **lire des livres.**
Manou aime **nager.**
Anne aime **faire du cheval.**
Luc aime **jouer au foot.**
David aime **faire du ski.**
Marie aime **jouer du piano.**
Lea aime **faire du patin à glace.**
Julie aime **jouer de la guitare.**

20

Loisirs et sports

2. Devine les loisirs. Lis et complète les phrases.

En été, c'est le loisir parfait. Je saute dans **l'eau** et je suis très contente. — Amélie

Je fais mon loisir préféré avec **un animal**. L'animal aime manger de l'herbe, des pommes et des carottes. C'est un grand animal. — Alain

Mon loisir préféré est jouer **un instrument**. Mon instrument est très grand. Je peux jouer beaucoup de chansons. — Paul

Je peux faire mon loisir préféré partout. J'ai juste besoin d'**un livre**. — Cécile

Je fais mon loisir préféré **en hiver**. Je vais à la montagne. J'aime la neige. — Clara

Pour mon loisir, j'ai besoin d'**un ballon**. Je shoote dans le ballon. — Thierry

Le loisir préféré de Clara est _____ _faire du ski_.
Le loisir préféré de Thierry est _____ _faire du cheval_.
Le loisir préféré d'Amélie est _____ _nager_.
Le loisir préféré de Paul est _____ _jouer du piano_.
Le loisir préféré de Cécile est _____ _jouer au foot_.
Le loisir préféré d'Alain est _____ _lire des livres_.

| faire du ski | lire des livres | faire du cheval |
| nager | jouer du piano | jouer au foot |

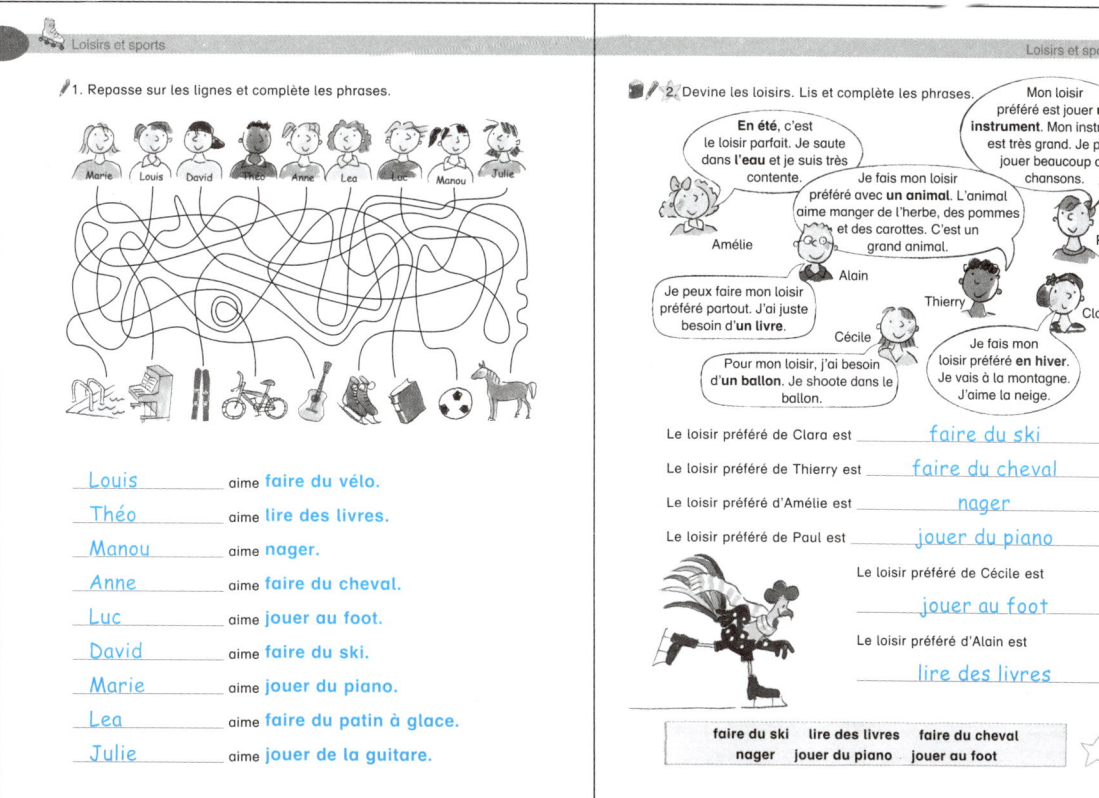

21

Lösungen

3. Regarde les images et écris.

Lea
Louis
Christophe

Lea, tu aimes jouer au tennis? _____Oui, j'aime._____

Louis, tu aimes jouer au foot? _____Non, je n'aime pas._____

Lea, tu aimes faire du patin à glace? _____Non, je n'aime pas._____

Christophe, tu aimes faire du cheval? _____Oui, j'aime._____

Louis, tu aimes jouer au tennis? _____Non, je n'aime pas._____

Lea, tu aimes jouer de la guitare? _____Oui, j'aime._____

Christophe, tu aimes jouer au basket? _____Non, je n'aime pas._____

Louis, tu aimes nager? _____Oui, j'aime._____

Christophe, tu aimes faire du skateboard? _____Oui, j'aime._____

Et toi, qu'est-ce que tu aimes faire?

J'aime _____.

22

Lis et écris.

Salut. Comment tu t'appelles?

Bonjour. Je m'appelle Pierre.

Comment _____tu t'appelles_____?

_____Je m'appelle_____ Alizée.

Quel est ton loisir préféré?

Mon _____loisir_____ préféré est _____jouer_____ _____au foot_____ ⚽.

Quel est ton loisir préféré?

J'aime _____jouer au foot_____ ⚽ aussi.

Tu veux jouer ensemble?

Super idée!
On y va.

Et moi, j'aime jouer au foot aussi.

23

---

1. Aux magasins. complète les phrases.

SUPERMARCHE   MAGASIN DE MUSIQUE   MAGASIN DE VÊTEMENTS   MAGASIN DE FRIANDISES

MAGASIN DE JOUETS   LIBRAIRIE   MAGASIN DE SPORTS   MAGASIN DE CHAUSSURES

Au supermarché, j'achète _____un jus d'orange_____

Au magasin de musique, j'achète _____un CD_____

Au magasin de vêtements, j'achète _____un pull_____

Au magasin de friandises, j'achète _____des bonbons_____

Au magasin de jouets, j'achète _____un ours en peluche_____

À la librairie, j'achète _____un livre_____

Au magasin de sport, j'achète _____des rollers_____

Au magasin de chaussures, j'achète _____des chaussures_____

| un jus d'orange un CD un livre des chaussures |
| des bonbons un pull des rollers un ours en peluche |

24

2. Au magasin de vêtements. Écris.

_____Le manteau est trop grand_____

_____La robe est trop petite_____

_____La jupe est trop petite_____

_____Le pantalon est trop grand_____

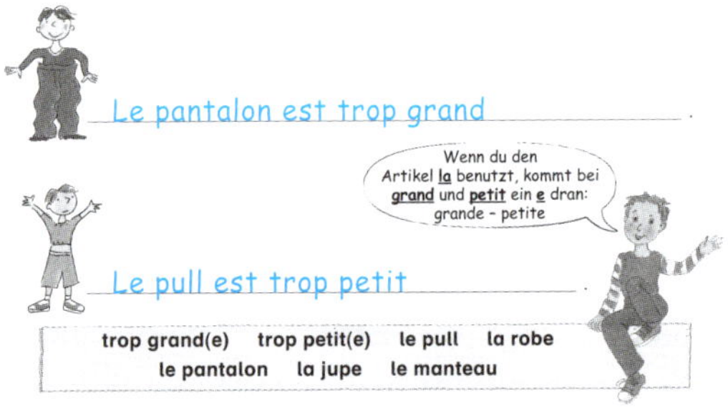

Wenn du den Artikel **la** benutzt, kommt bei **grand** und **petit** ein **e** dran: grande – petite

_____Le pull est trop petit_____

| trop grand(e) trop petit(e) le pull la robe |
| le pantalon la jupe le manteau |

25

3. Au supermarché. À qui est le panier?
Qu'est-ce qui manque sur la liste? Écris.

Wem gehört welcher Einkaufskorb? Ergänze die fehlenden Dinge.

Gilbert

André

Mia

Sarah

Sarah
café, œufs, limonade, confiture, cerises, croissants

Gilbert
bananes, lait, jus de pomme, miel, eau minérale

André
ananas, fromage, yaourt, céréales, lait, bonbons, beurre

Mia
baguette, coca, oranges, chocolat, œufs

beurre	miel	limonade	cerises	confiture	lait	oranges
eau minérale	chocolat	œufs	fromage			
jus de pomme	céréales	bonbons	croissants	yaourt		

26

4. Au magasin de sports. Lis et numérote.

1
2
3
4

4 — Il coûte 30 €.

— Voilà. Au revoir.

— Merci beaucoup. Au revoir.

1 — Bonjour, puis-je t'aider?

— Bonjour. Je voudrais un nouveau skateboard.

2 — Les skateboards sont ici. La couleur te plaît?

— Non, désolé. Je n'aime pas le rouge.

3 — Le skateboard vert te plaît?

— C'est parfait. Vert est ma couleur préférée.

27

5. Lis la bande dessinée.

Plume fait les courses

Plume, peux-tu aller au supermarché pour moi? Voilà la liste d'achats.

tomates
œufs
pommes de terre
pain
beurre
fromage

D'accord maman. Au revoir.

Je n'aime pas les tomates et les pommes de terre.

œufs
pommes de terre
beurre

Mais j'aime le chocolat, les pommes, les fraises et la limonade.

Mais non, Plume. Et qu'est-ce que nous allons manger pour le dîner maintenant?

Oh maman! Le dîner est super génial!

28

1. Trouve les mots corrects et écris.

v o i t u r e
18 12 8 16 17 14 4

v é l o
18 5 9 12

a v i o n
1 18 8 12 11

c a m i o n
3 1 10 8 12 11

m é t r o
10 5 16 14 12

t r a i n
16 14 1 8 11

b a t e a u
2 1 16 4 1 17

h é l i c o p t è r e
7 5 9 8 3 12 13 16 6 14 4

1 = a	7 = h	13 = p
2 = b	8 = i	14 = r
3 = c	9 = l	15 = s
4 = e	10 = m	16 = t
5 = é	11 = n	17 = u
6 = è	12 = o	18 = v

b u s
2 17 15

29

Lösungen

2. Plume aime voyager. Complète les phrases.

| le train | le bateau | la voiture | l'avion |

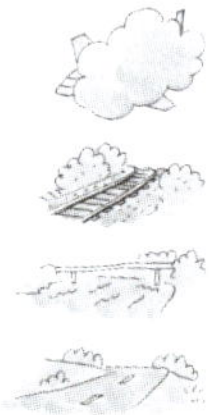

Pour aller à Marseille, je prends __l'avion__ .

Pour aller à Paris, je prends __le train__ .

Pour voyager sur la Loire, je prends __le bateau__ .

Pour aller à Strasbourg, je prends __la voiture__ .

3. Repasse sur les lignes et complète les phrases.

Frédéric   Sandrine   Philippe   Anne

Frédéric prend __la voiture__ .

Sandrine prend __le train__ .

Philippe prend __le vélo__ .

Anne prend __l'avion__ .

30

1₂3 4. Numérote les panneaux.

1 va tout droit   3

2 tourne à droite   2

3 tourne à gauche   1

5. Où vont les enfants? Trouve le chemin.

Lies die Wegbeschreibungen. Fahre mit Buntstift nach. In welche Geschäfte gehen die Kinder?

Davy   Julie   Kim

Davy: Tourne à gauche, va tout droit, tourne à gauche encore une fois et puis tourne à droite.

Davy va à la __librairie__ .

Julie: Va tout droit, tourne à droite, va tout droit et tourne à droite encore une fois.

Julie va au __supermarché__ .

Kim: Tourne à droite, va tout droit, tourne à gauche, va tout droit et tourne à gauche encore une fois.

Kim va au __magasin de musique__ .

31

Lies erst die Wegbeschreibung und fahre den Weg auf dem Plan nach. Verbinde dann die Frage mit der richtigen Wegbeschreibung.

6. Regarde la carte. Lis et repasse sur le chemin. Relie les questions aux bonnes réponses. Écris.

Quel est le chemin pour aller au cinéma, s'il vous plaît?

Va tout droit. Tourne à droite dans la rue des Arbres. Tourne à gauche dans la rue du Fleuve.

Le __magasin de sports__ est sur la droite.

Quel est le chemin pour aller à la librairie, s'il vous plaît?

Tourne à gauche dans la rue de l'Église. Tourne à droite dans la rue de l'École. Tourne à droite encore une fois dans la rue Principale.

Le __cinéma__ est sur la gauche.

Quel est le chemin pour aller au magasin de sports, s'il vous plaît?

Tourne à gauche dans la rue de l'Église. Va tout droit. Tourne à droite dans la rue de l'École. Traverse la rue Principale.

La __librairie__ est sur la droite.

32

---

1. Au zoo, on peut voir beaucoup d'animaux sauvages. Est-ce que tu les connais? Écris.

l'é __léphan__ t

le cr __oc od i l__ e

le l __i on__

la gi __r a f__ e

le s __i n g__ e

le s __er p en t__

le zè __bre__

| l'éléphant | le lion | | |
| la girafe | le singe | le zèbre | le crocodile | le serpent |

33

Les animaux sauvages

2. Relie les pattes au bon animal. Écris.

la girafe   l'éléphant   l'ours   le singe   le zèbre   le lion

3. Regarde les animaux et écris.

Da stimmt doch was nicht. Schau dir die Tiere an und ergänze die Sätze.

Un éléphant n'est pas __bleu__, il est __gris__.
__Un lion__ n'est pas __rouge__, il est __jaune__.
__Un singe__ n'est pas __vert__, il est __marron__.
__Un crocodile__ n'est pas __rose__, il est __vert__.

| un lion   un crocodile   un éléphant   un singe |
| vert (2x)   rose   jaune   bleu   gris   marron   rouge |

34

Les animaux sauvages

4. Des animaux rigolos. Écris et dessine.

tête: girafe
corps: lion
pattes: éléphant

tête: __hippopotame__
corps: __serpent__
pattes: __zèbre__

tête: __ours__
corps: __singe__
pattes: __crocodile__

Maintenant dessine un animal avec …

… une tête de crocodile.

… un corps de girafe.

… des pattes de zèbre.

Kopf: Krokodil
Körper: Giraffe
Beine: Zebra

35

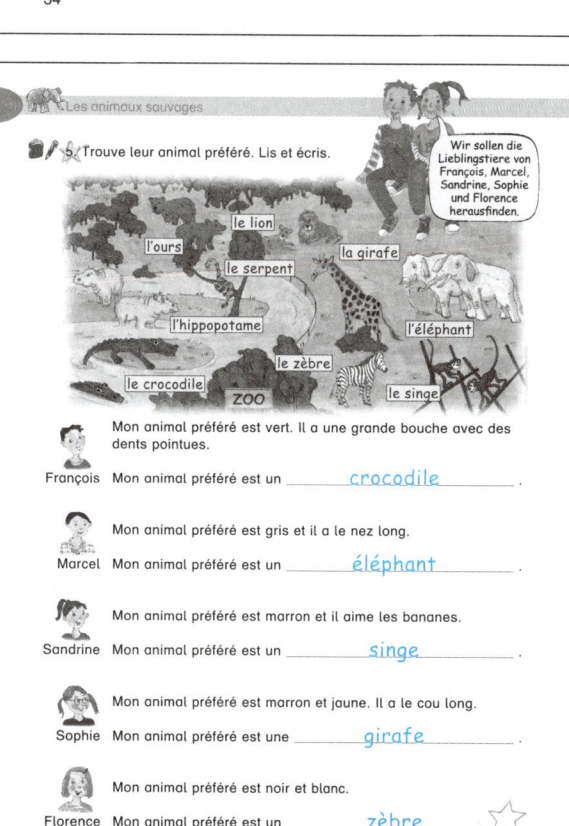

Les animaux sauvages

5. Trouve leur animal préféré. Lis et écris.

Wir sollen die Lieblingstiere von François, Marcel, Sandrine, Sophie und Florence herausfinden.

le lion
l'ours
le serpent
la girafe
l'hippopotame
l'éléphant
le crocodile
ZOO
le zèbre
le singe

François   Mon animal préféré est vert. Il a une grande bouche avec des dents pointues.
Mon animal préféré est un ___crocodile___.

Marcel   Mon animal préféré est gris et il a le nez long.
Mon animal préféré est un ___éléphant___.

Sandrine   Mon animal préféré est marron et il aime les bananes.
Mon animal préféré est un ___singe___.

Sophie   Mon animal préféré est marron et jaune. Il a le cou long.
Mon animal préféré est une ___girafe___.

Florence   Mon animal préféré est noir et blanc.
Mon animal préféré est un ___zèbre___.

36

Les animaux sauvages

6. Lis la bande dessinée.

Plume et Cigogne au zoo

Cigogne, fais une photo de moi et du singe, s'il te plaît.

Cigogne, fais une photo de moi et du lion, s'il te plaît.

Cigogne, fais une photo de moi et de l'éléphant, s'il te plaît.

Cigogne, fais une photo de moi et du zèbre, s'il te plaît.

Moi, je suis très joli. Mais où sont les autres animaux?

37

Lösungen

1. Écris.

J'ai mal …   au   v e n t r e

au   d o s

aux   o r e i l l e s

aux   d e n t s

à la   t ê t e

dos	ventre
dents	tête
	oreilles

2. Écris.

Plume a mal ___ aux oreilles ___ .
Plume a mal ___ au dos ___ .
Plume ___ a mal à la tête ___ .
Plume ___ a mal au ventre ___ .

| au dos | à la tête | aux oreilles | au ventre |

38

---

3. Qu'est-ce qui s'est passé? Lis et écris.

J'ai mangé cinq pizzas.   Tu as mal au ventre .

Je suis tombée d'un arbre.   Tu as un bras cassé
___ .

J'ai le nez qui coule.   Tu as un rhume
___ .

J'ai la tête chaude.   Tu as de la fièvre
___ .

Tu as mal au dos
___ .

J'ai porté dix cartons de bonbons.

| un rhume | de la fièvre | mal au ventre |
| mal au dos | un bras cassé | |

39

---

4. Lis et écris.

Pierre est assis dans la ___ salle d'attente ___ .

Le ___ docteur ___ vient et dit: «Viens Pierre. C'est à toi.»

Pierre va avec le ___ docteur ___ . Le ___ docteur ___

demande à Pierre: «Comment puis-je t'aider?»

«J'ai ___ mal à la tête ___ ,

j'ai ___ de la fièvre ___

et je pense que j'ai aussi ___ un rhume ___

Je ne peux pas aller à l'école.»

Le ___ docteur ___ répond:

«Pierre, tu n'es pas malade! Pourquoi tu ne peux pas aller à l'école?»

«Parce que nous écrivons un test de mathématiques aujourd'hui,

papa.»

| mal à la tête | salle d'attente | docteur (4x) |
| un rhume | de la fièvre | |

40

---

5. Lis la bande dessinée.

Un bonbon va aider

41

Page 42

✏ 1. Devine les métiers. Écris.

Plume est un ___médecin___

et Pauline est une ___médecin___ .

Plume est un ___vétérinaire___

et Pauline est une ___vétérinaire___ .

Plume est un ___maître___

et Pauline est une ___maîtresse___ .

Plume est un ___policier___

et Pauline est une ___policière___ .

Plume est un ___acteur___

et Pauline est une ___actrice___ .

| un médecin / une médecin   un policier / une policière |
| un acteur / une actrice   un vétérinaire /une vétérinaire |
| un maître / une maîtresse |

42

Page 43

✏ 2. Mes travaux à la maison. Relie et écris.

Je dois …

faire — au chat.

donner à manger — mon lit.

aider — ma chambre.

faire — la vaisselle.

promener — dans le jardin.

ranger — le chien.

faire — mes devoirs.

Je dois _faire mon lit_ .

Je dois _donner à manger au chat_ .

Je _dois aider dans le jardin_ .

Je dois faire mes devoirs .

Je dois promener le chien .

Je dois ranger ma chambre .

Je dois faire la vaisselle .

43

Page 44

Schaue dir die Bilder an. Was machen Chloé, Marc und Plume gerne und was nicht?

✏ 3. Regarde Chloé, Marc et Plume.
Quel travail aiment-ils, quel travail n'aiment-ils pas? Écris.

Chloé   Marc

Plume

J'aime ___faire la vaisselle___ , mais

je n'aime pas ___faire mon lit___ .

J'aime ___faire mes devoirs___ , mais

je n'aime pas ___ranger ma chambre___ .

___J'aime donner à manger au chat___ , mais

___je n'aime pas aider dans le jardin___ .

Et toi? Écris.

_____ , mais

_____ .

44

Page 45

4. Lis la bande dessinée.

Je n'aime pas …

D'abord, je dois faire la vaisselle.

Mais je n'aime pas faire la vaisselle.

Maintenant, je dois ranger ma chambre.

Mais je n'aime pas ranger ma chambre.

Maintenant, je dois aider dans le jardin.

Mais je n'aime pas aider dans le jardin.

Mais j'aime faire cocorico tous les matins.

45

Lösungen

1. D'où est-ce que les enfants viennent? Écris.

A m g a l n l e e — Je viens d' __Allemagne__ .

F c r e n a — Je viens de __France__ .

S i s u s e — Je viens de __Suisse__ .

E p a s n e g — Je viens d' __Espagne__ .

A g e n l r e t e r — Je viens d' __Angleterre__ .

B l q e u i g e — Je viens de __Belgique__ .

R s i u e s — Je viens de __Russie__ .

T r e u q i u — Je viens de __Turquie__ .

I a i t l e — Je viens d' __Italie__ .

**Suisse   Italie   Espagne   Allemagne   Angleterre
France   Russie   Belgique   Turquie**

46

2. Devine le pays. Lis et écris.

J'aime manger de la baguette et des croissants. Je dis «Bonjour!». La capitale de mon pays est Paris.

Je viens de __France__ .

La capitale de mon pays est Londres. Nous avons une reine.

Je viens d' __Angleterre__ .

Je mange souvent des spaghetti. Mais j'aime aussi manger de la pizza. La capitale de mon pays est Rome.

Je viens d' __Italie__ .

La capitale de mon pays est Berlin. Je dis «Hallo!».

Je viens d' __Allemagne__ .

Je ne dis pas «Bonjour!», mais je dis «Merhaba!». Beaucoup de gens viennent dans mon pays pour passer les vacances. La capitale de mon pays est Ankara.

Je viens de __Turquie__ .

**Turquie   France   Allemagne
Italie   Angleterre**

47

3. Lis et écris.

Viens-tu d' __Allemagne__ ?

Oui. Viens-tu aussi d' __Allemagne__ ?

Non. Je viens d' __Italie__ .

Viens-tu de __Belgique__ ?

Non. Je viens d' __Espagne__ .

Bonjour, je viens de __France__ .

Viens-tu aussi de __France__ ?

Non. Je viens de __Russie__ .

Viens-tu de __Turquie__ ?

Oui. Viens-tu d' __Espagne__ ?

Non. Je viens de __Suisse__ .

**Belgique   Espagne   Suisse   Russie
Allemagne   Turquie   France   Italie**

48

4. Lis la bande dessinée.

Le voyage de Plume

49

Lösungen

La France

1. Cherche le drapeau français. Entoure-le.

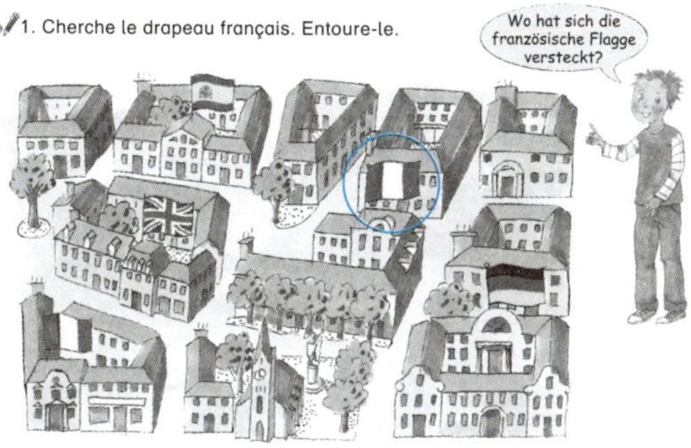

Wo hat sich die französische Flagge versteckt?

2. Connais-tu ces attractions touristiques de Strasbourg?

Bateau Mouche   Petite France   Parlement européen   Cathédrale de Strasbourg

La France

3. Écris.

Schau genau hin und schreibe jeweils die passende Präposition dazu.

Et moi, je suis __sur__ la Tour Eiffel.

La France

Vrai ou faux? Coche.

	vrai	faux
Les couleurs du drapeau français sont bleu, blanc et rouge.	X	
En France, les gens payent en dollar.		X
Paris est la capitale de la France.	X	
La Tour Eiffel est très petite.		X
La Seine est un fleuve à Paris.	X	
Berlin est une ville en France.		X
La cigogne est un animal typique de l'Alsace.	X	
Lyon est une ville en France.	X	
La Turquie est à côté de la France.		X
Les pays voisins de la France sont l'Allemagne, la Suisse et l'Espagne.	X	
Il y a une reine en France.		X

Du weißt schon viel über Frankreich. Was stimmt und was ist falsch? Kreuze an.

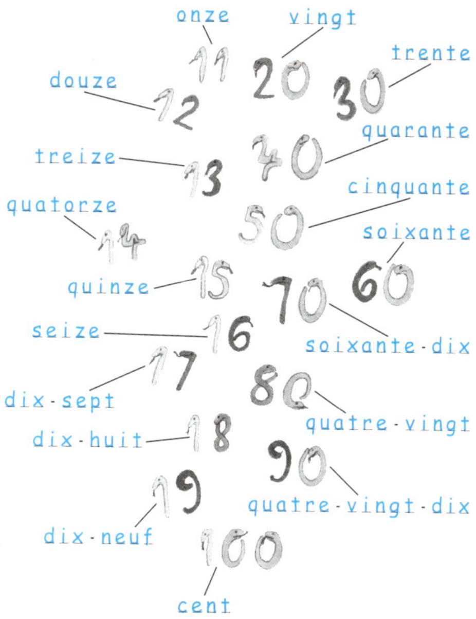

Dictionnaire en images: Les nombres

onze 11   douze 12   treize 13   quatorze 14   quinze 15   seize 16   dix-sept 17   dix-huit 18   dix-neuf 19   vingt 20   trente 30   quarante 40   cinquante 50   soixante 60   soixante-dix 70   quatre-vingt 80   quatre-vingt-dix 90   cent 100

onze   douze   treize   quatorze   quinze   seize   dix-sept   dix-huit   dix-neuf   vingt   trente   quarante   cinquante   soixante   soixante-dix   quatre-vingt   quatre-vingt-dix   cent

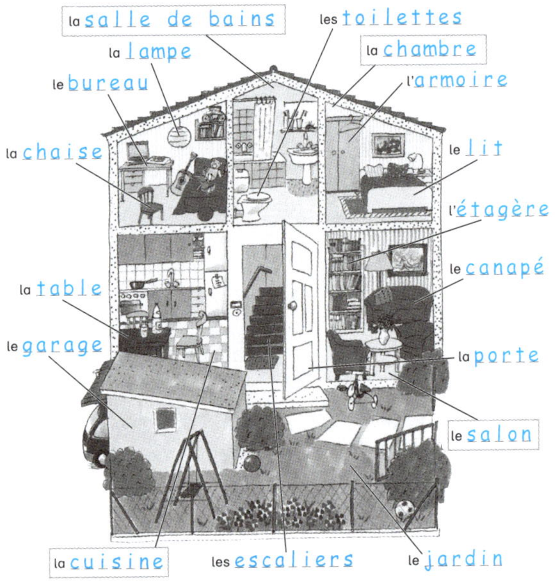

Lösungen

la salle de bains   les toilettes
la lampe   la chambre
le bureau   l'armoire
la chaise   le lit
l'étagère
la table   le canapé
le garage   la porte
le salon
la cuisine   les escaliers   le jardin

les toilettes	la salle de bains	le salon	la chambre
la cuisine	le garage	le jardin	la porte	les escaliers
la chaise	la table	le lit	la lampe	l'armoire
l'étagère	le bureau	le canapé

54

la baguette   la moutarde   la tomate   la salade   le jambon   le concombre   le fromage   manger   la soupe de tomates
le steak haché avec des frites   le ketchup
la quiche lorraine   la pizza
le poisson avec de la salade
les spaghetti   boire
la cuillère
la fourchette   le couteau   l'assiette

55

Le matin:

Je me lève à sept heures.

Je prends mon petit-déjeuner à sept heures et demie.

L'école commence à huit heures et demie.

L'après-midi:

Je fais mes devoirs à quatre heures.

Quelle heure est-il? Il est cinq heures.

Je joue avec mes amis à cinq heures.

Le soir / la nuit:

Je me couche et je dors à huit heures et demie.

56

faire du skateboard   lire des livres   nager
faire du vélo
jouer au tennis   faire du foot
jouer au basket
faire du cheval
faire du roller   jouer du piano   jouer de la guitare   faire du ski   faire du patin à glace

57

le supermarché · le magasin de vêtements · Il est trop grand · Il est trop petit · la librairie · le magasin de jouets · le magasin de friandises · le magasin de chaussures · le magasin de sports · le magasin de musique

le supermarché   le magasin de musique   le magasin de vêtements
le magasin de sports   le magasin de chaussures   trop grand
le magasin de chaussures   le magasin de jouets   trop grand
le magasin de friandises   trop petit   la librairie

58

l'hélicoptère · le bus · le bateau · le vélo · le métro · tourne à droite · la voiture · le camion · l'avion · le train · va tout droit · tourne à gauche

le bus   le vélo   la voiture   le métro   le train   le camion   l'avion   l'hélicoptère
le bateau   va tout droit   tourne à gauche   tourne à droite

59

le lion · la girafe · le zèbre · l'hippopotame · le serpent · l'ours · le crocodile · l'éléphant · le singe

le zèbre   le lion   le serpent   l'hippopotame   la girafe
l'éléphant   le singe   le crocodile   l'ours

60

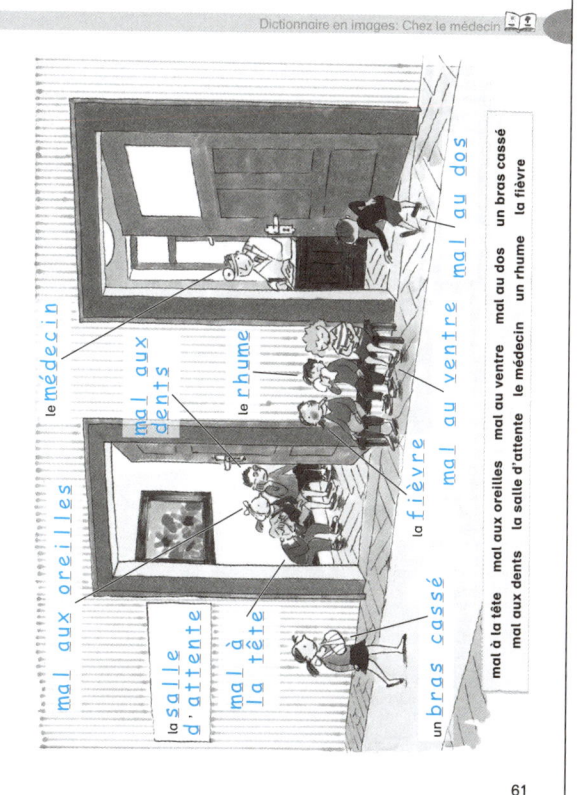

le médecin · mal aux oreilles · mal aux dents · le rhume · la fièvre · mal au ventre · mal au dos · la salle d'attente · mal à la tête · un bras cassé

mal à la tête   mal aux oreilles   mal au ventre   mal au dos   un bras cassé   la fièvre
mal aux dents   la salle d'attente   le médecin   un rhume

61

Lösungen

Les métiers

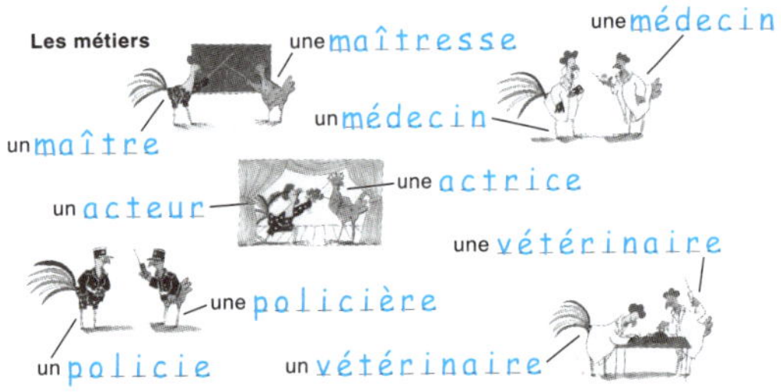

une **maîtresse**

une **médecin**

un **médecin**

un **maître**

un **acteur**

une **actrice**

une **vétérinaire**

une **policière**

un **polici e**

un **vétérinaire**

un médecin / une médecin   un policier / une policière
un vétérinaire / une vétérinaire   un maître / une maîtresse
un acteur / une actrice

Les travaux ménagers

Je / J'...

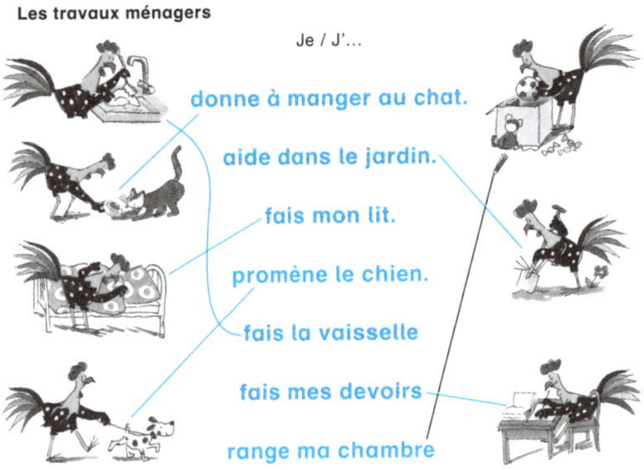

donne à manger au chat.

aide dans le jardin.

fais mon lit.

promène le chien.

fais la vaisselle

fais mes devoirs

range ma chambre

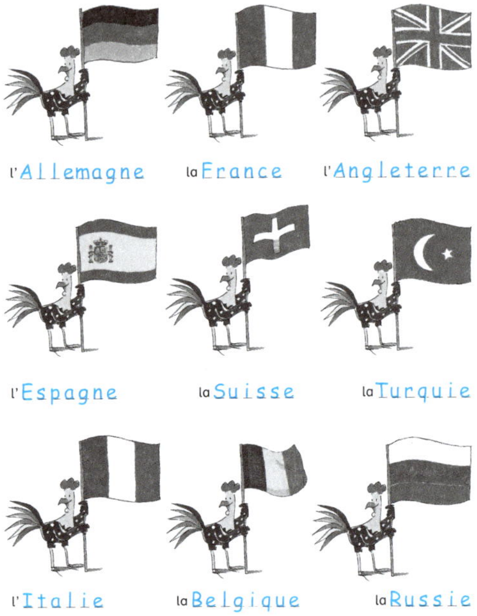

62

l' **Allemagne**   la **France**   l' **Angleterre**

l' **Espagne**   la **Suisse**   la **Turquie**

l' **Italie**   la **Belgique**   la **Russie**

l'Italie   l'Angleterre   la Turquie   la Belgique   l'Allemagne
la Russie   la Suisse   l'Espagne   la France

63

Parlement européen

Bateau Mouche

Cathédrale de Strasbourg

Petite France

à côté de

sur   dans

derrière   devant

sous

à côté de   derrière   dans   sur   sous   devant
Bateau Mouche   Petite France   Parlement européen
Cathédrale de Strasbourg

64

1. Au zoo, on peut voir beaucoup d'animaux sauvages.
   Est-ce que tu les connais? Écris.

l'é _ é _ _ _ _ n _

le cr _ _ c _ _ _ i _ e

le l _ o _

la gi _ _ a _ e

le s _ n _ _ _

le s _ r _ _ _ _ _

le zè _ _ _

l'éléphant   le lion

la girafe   le singe   le zèbre   le crocodile   le serpent

2. Relie les pattes au bon animal. Écris.

la girafe l'éléphant l'ours le singe le zèbre le lion

3. Regarde les animaux et écris.

> Da stimmt doch was nicht. Schau dir die Tiere an und ergänze die Sätze.

___Un éléphant___ n'est pas ___bleu___ , il est ___gris___ .

_____ n'est pas _____ , il est _____ .

_____ n'est pas _____ , il est _____ .

_____ n'est pas _____ , il est _____ .

un lion   un crocodile   un éléphant   un singe

vert (2x)   rose   jaune   bleu   gris   marron   rouge

4. Des animaux rigolos. Écris et dessine.

tête: girafe

corps: lion

pattes: éléphant

tête: _____

corps: _____

pattes: _____

tête: _____

corps: _____

pattes: _____

**Maintenant dessine
un animal avec ...**

... une tête de crocodile.

... un corps de girafe.

... des pattes de zèbre.

5. Trouve leur animal préféré. Lis et écris.

Wir sollen die Lieblingstiere von François, Marcel, Sandrine, Sophie und Florence herausfinden.

le lion

l'ours

le serpent

la girafe

l'hippopotame

l'éléphant

le zèbre

le crocodile

ZOO

le singe

Mon animal préféré est vert. Il a une grande bouche avec des dents pointues.

François   Mon animal préféré est un _____ .

Mon animal préféré est gris et il a le nez long.

Marcel   Mon animal préféré est un _____ .

Mon animal préféré est marron et il aime les bananes.

Sandrine   Mon animal préféré est un _____ .

Mon animal préféré est marron et jaune. Il a le cou long.

Sophie   Mon animal préféré est une _____ .

Mon animal préféré est noir et blanc.

Florence   Mon animal préféré est un _____ .

6. Lis la bande dessinée.

Plume et Cigogne au zoo

1. Écris.

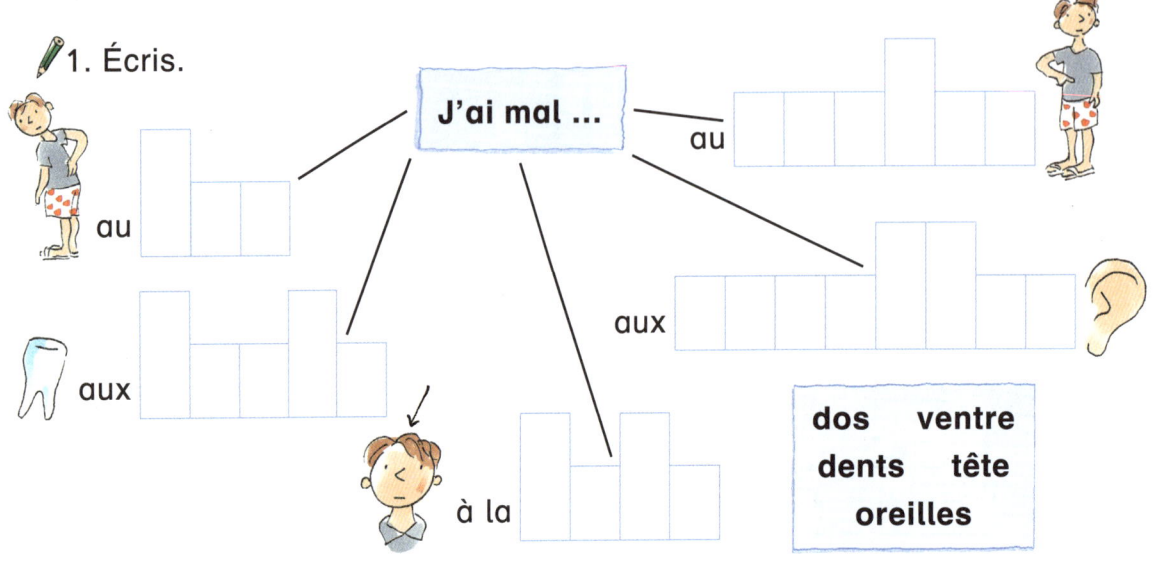

J'ai mal ...

au

aux

à la

au

aux

dos   ventre
dents   tête
oreilles

2. Écris.

Plume a mal ___aux oreilles_____ .

Plume a mal _____ .

Plume _____ .

Plume _____ .

au dos   à la tête   aux oreilles   au ventre

3. Qu'est-ce qui s'est passé? Lis et écris.

J'ai mangé cinq pizzas.   Tu as <u>mal au ventre</u> .

Je suis tombée d'un arbre.   Tu as _____

_____ .

J'ai le nez qui coule.   Tu as _____

_____ .

J'ai la tête chaude.   Tu as _____

_____ .

  Tu as _____

_____ .

J'ai porté dix cartons de bonbons.

| un rhume   de la fièvre   mal au ventre |
| mal au dos   un bras cassé |

39

4. Lis et écris.

Pierre est assis dans la _____ .

Le _____ vient et dit: «Viens Pierre. C'est à toi.»

Pierre va avec le _____ . Le _____

demande à Pierre: «Comment puis-je t'aider?»

«J'ai _____ ,

j'ai _____

et je pense que j'ai aussi _____ .

Je ne peux pas aller à l'école.»

Le _____ répond:

«Pierre, tu n'es pas malade! Pourquoi tu ne peux pas aller à l'école?»

«Parce que nous écrivons un test de mathématiques aujourd'hui,

papa.»

| mal à la tête   salle d'attente   docteur (4x) |
| un rhume   de la fièvre |

40

 5. Lis la bande dessinée.

Un bonbon va aider

J'ai un rhume et de la fièvre. Un bonbon va m'aider.

HA-HA-

TSCHII!

Aiii. Maintenant j'ai aussi mal à la tête. Mais un bonbon va m'aider.

Aiiiii. Et maintenant j'ai aussi mal au dos. Mais un bonbon va m'aider.

Aiiiiii. Je pense que j'ai mangé trop de bonbons. J'ai mal au ventre.

Pauvre Plume. Un bonbon va t'aider.

Oh non!

41

1. Devine les métiers. Écris.

Plume est un _____

et Pauline est une _____.

Plume est un _____

et Pauline est une _____.

Plume est un _____

et Pauline est une _____.

Plume est un _____

et Pauline est une _____.

Plume est un _____

et Pauline est une _____.

un médecin / une médecin   un policier / une policière

un acteur / une actrice   un vétérinaire /une vétérinaire

un maître / une maîtresse

2. Mes travaux à la maison. Relie et écris.

Je dois …

faire   au chat.

donner à manger   mon lit.

aider   ma chambre.

faire   la vaisselle.

promener   dans le jardin.

ranger   le chien.

faire   mes devoirs.

Je dois *faire mon lit* .

Je dois_____ .

Je_____ .

_____ .

_____ .

_____ .

_____ .

Schaue dir die Bilder an. Was machen Chloé, Marc und Plume gerne und was nicht?

3. Regarde Chloé, Marc et Plume.
   Quel travail aiment-ils, quel travail n'aiment-ils pas? Écris.

Chloé

Marc

Plume

J'aime _____ , mais

je n'aime pas _____ .

J'aime _____ , mais

je n'aime pas _____ .

_____ , mais

_____ .

Et toi? Écris.

_____ , mais

_____ .

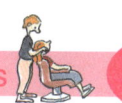

📕 4. Lis la bande dessinée.

Je n'aime pas …

D'abord, je dois faire la vaisselle.

Mais je n'aime pas faire la vaisselle.

Maintenant, je dois ranger ma chambre.

Mais je n'aime pas ranger ma chambre.

Maintenant, je dois aider dans le jardin.

Mais je n'aime pas aider dans le jardin.

Mais j'aime faire cocorico tous les matins.

1. D'où est-ce que les enfants viennent? Écris.

A m g a l n l e e   Je viens d' _____ **Allemagne** _____ .

F c r e n a   Je viens de _____ .

S i s u s e   Je viens de _____ .

E p a s n e g   Je viens d' _____ .

A g e n l r e t e r   Je viens d' _____ .

B l q e u i g e   Je viens de _____ .

R s i u e s   Je viens de _____ .

T r e u q i u   Je viens de _____ .

I a i t l e   Je viens d' _____ .

Suisse   **Italie**   **Espagne**   **Allemagne**   **Angleterre**
France   **Russie**   **Belgique**   **Turquie**

2. Devine le pays. Lis et écris.

J'aime manger de la baguette et des croissants. Je dis «Bonjour!». La capitale de mon pays est Paris.

Je viens de _____ .

La capitale de mon pays est Londres. Nous avons une reine.

Je viens d' _____ .

Je mange souvent des spaghetti. Mais j'aime aussi manger de la pizza. La capitale de mon pays est Rome.

Je viens d' _____ .

La capitale de mon pays est Berlin. Je dis «Hallo!».

Je viens d' _____ .

Je ne dis pas «Bonjour!», mais je dis «Merhaba!». Beaucoup de gens viennent dans mon pays pour passer les vacances. La capitale de mon pays est Ankara.

Je viens de _____ .

| Turquie | France | Allemagne |
| Italie | Angleterre | |

3. Lis et écris.

Viens-tu d' _____ 🇩🇪 ?

Oui. Viens-tu aussi d' _____ 🇩🇪 ?

Non. Je viens d' _____ 🇮🇹 .

Viens-tu de _____ 🇧🇪 ?

Non. Je viens d' _____ 🇪🇸 .

Bonjour, je viens de _____ 🇫🇷 .

Viens-tu aussi de _____ 🇫🇷 ?

Non. Je viens de _____ 🇷🇺 .

Viens-tu de _____ 🇹🇷 ?

Oui. Viens-tu d' _____ 🇪🇸 ?

Non. Je viens de _____ 🇨🇭 .

Belgique	**Espagne**	**Suisse**	**Russie**
Allemagne	**Turquie**	**France**	**Italie**

📕 **4. Lis la bande dessinée.**

Le voyage de Plume

Je fais ma valise et je pars en vacances.

Au revoir. Je vais t'envoyer beaucoup de cartes postales.

Plume en Angleterre

Je bois un thé avec la reine.

Plume en Allemagne

Bonjour les enfants. Comment ça va? L'Allemagne est un pays très joli. Chantons une chanson.

Plume en Italie

Ciao! La pizza est super. Et demain, je vais manger des spaghetti. Hmmmmm.

Plume en Espagne

Génial. J'aime beaucoup danser le flamenco.

Plume en Russie

Cette danse est drôle.

Plume en Turquie

Je m'achète un nouveau tapis.

Maintenant c'est l'heure de rentrer en France. La prochaine fois, je vais visiter la Suisse, la Belgique…

49

1. Cherche le drapeau français. Entoure-le.

2. Connais-tu ces attractions touristiques de Strasbourg?

Bateau Mouche   Petite France   Parlement européen   Cathédrale de Strasbourg

3. Écris.

Schau genau hin
und schreibe jeweils die passende
Präposition dazu.

Et moi, je suis _____
la Tour Eiffel.

devant   derrière
sous   dans
à côté de   sur

4. Vrai ou faux? Coche.

	vrai	faux
Les couleurs du drapeau français sont bleu, blanc et rouge.	◯	◯
En France, les gens payent en dollar.	◯	◯
Paris est la capitale de la France.	◯	◯
La Tour Eiffel est très petite.	◯	◯
La Seine est un fleuve à Paris.	◯	◯
Berlin est une ville en France.	◯	◯
La cigogne est un animal typique de l'Alsace.	◯	◯
Lyon est une ville en France.	◯	◯
La Turquie est à côté de la France.	◯	◯
Les pays voisins de la France sont l'Allemagne, la Suisse et l'Espagne.	◯	◯
Il y a une reine en France.	◯	◯

Du weißt schon viel über Frankreich. Was stimmt und was ist falsch? Kreuze an.

11 ____ ____

20 ____ ____

30 ____ ____

12 ____ ____

40 ____ ____

13 ____ ____

50 ____ ____

14 ____ ____

15 ____ ____

70 ____ ____

60 ____ ____

16 ____ ____

17 ____ ____

80 ____ ____

18 ____ ____

90 ____ ____

19 ____ ____

100 ____ ____

onze	douze	treize	quatorze	quinze	seize	dix-sept
dix-huit	dix-neuf	vingt	trente	quarante	cinquante	
soixante	soixante-dix	quatre-vingt	quatre-vingt-dix	cent		

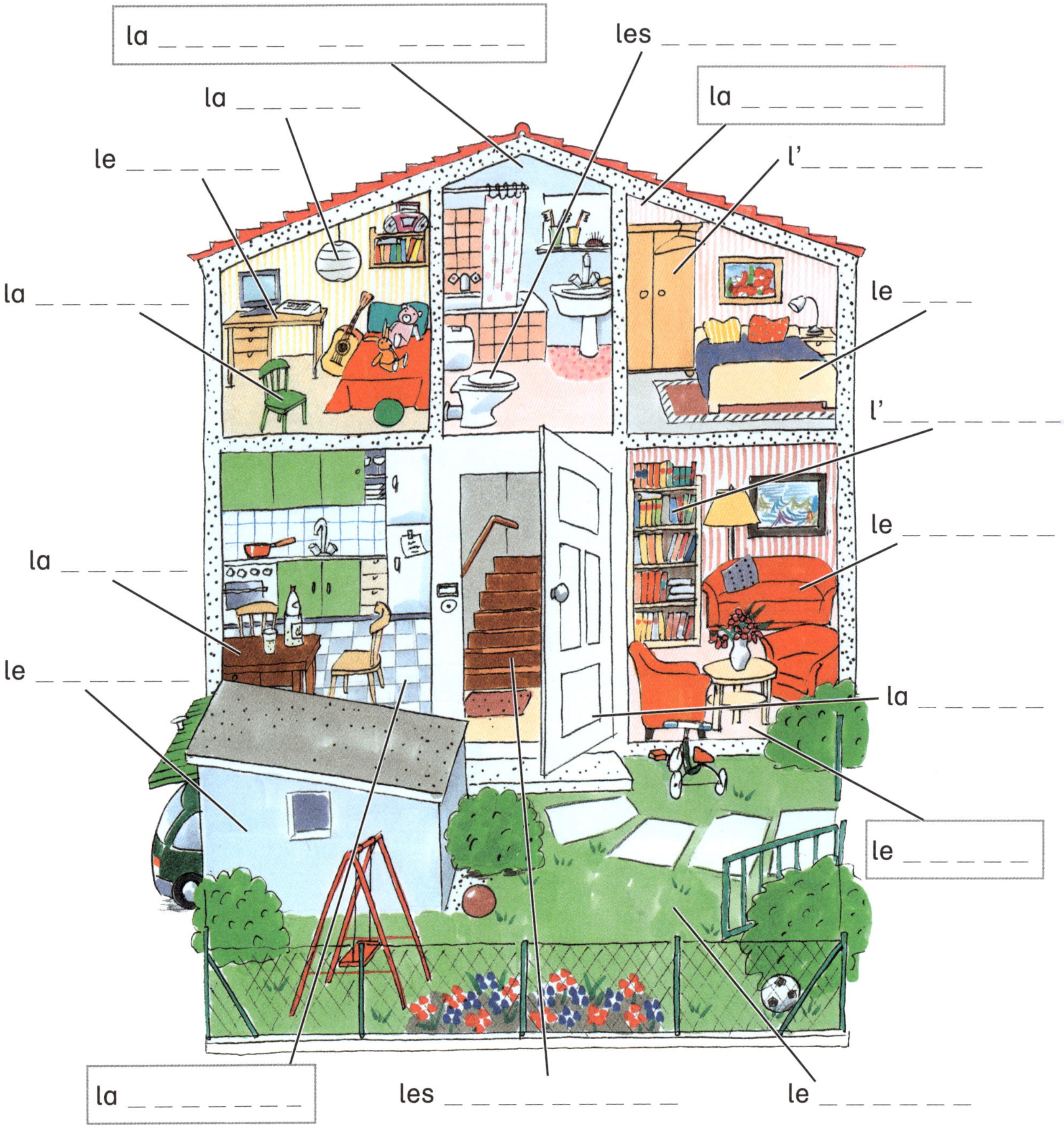

la _ _ _ _ _ _ _ _ _ _ _ _ _ _

les _ _ _ _ _ _ _ _

la _ _ _ _ _ _ _

la _ _ _ _ _ _ _ _ _

le _ _ _ _ _ _ _ _

l'_ _ _ _ _ _ _

la _ _ _ _ _ _

le _ _ _ _

l'_ _ _ _ _ _ _

le _ _ _ _ _ _

la _ _ _ _ _ _

le _ _ _ _ _ _

la _ _ _ _ _ _

le _ _ _ _ _ _ _

la _ _ _ _ _ _ _ _ _

les _ _ _ _ _ _ _ _ _ _

le _ _ _ _ _ _ _

les toilettes   la salle de bains   le salon   la chambre
la cuisine   le garage   le jardin   la porte   les escaliers
la chaise   la table   le lit   la lampe   l'armoire
l'étagère   le bureau   le canapé

la moutarde

la tomate

la salade

le jambon

le concombre

le fromage

manger

la soupe de tomates

le poisson avec de la salade

le steak haché avec des frites

la baguette

les spaghetti

la quiche lorraine

le ketchup

le couteau

l'assiette

la fourchette

la cuillère

boire

la pizza

Le matin:

Je me lève à sept heures.

Je prends mon petit-déjeuner à sept heures et demie.

L'école commence à huit heures et demie.

L'après-midi:

Je fais mes devoirs à quatre heures.

Quelle heure est-il?

Il est cinq heures.

Je joue avec mes amis à cinq heures.

Le soir / la nuit:

Je me couche et je dors à huit heures et demie.

faire du skateboard

lire des
livres

nager

faire du vélo

faire du cheval

jouer au tennis

jouer au foot

jouer au basket

faire du ski

faire du patin à glace

faire du
roller

jouer du
piano

jouer de la guitare

le _____

le _____

Il est _____

Il est _____

le _____

la _____

le _____

le _____

le _____

le _____

le _____

le supermarché   le magasin de musique   le magasin de vêtements
le magasin de chaussures   le magasin de jouets   trop grand
le magasin de sports   le magasin de friandises   trop petit   la librairie

58

le

l'

le

le

le

le

le

l'

la

le

le

le bus   le vélo   la voiture   le métro   le train   le camion   l'avion   l'hélicoptère

le bateau   va tout droit   tourne à gauche   tourne à droite

le _ _ _ _ _

la _ _ _ _ _ _ _

le _ _ _ _ _ _

l'_ _ _ _ _ _ _ _ _ _

le _ _ _ _ _ _ _ _ _

l'_ _ _ _ _ _

le _ _ _ _ _ _ _ _ _

l'_ _ _ _ _ _ _ _

le _ _ _ _ _ _

le zèbre   le lion   le serpent   l'hippopotame   la girafe
l'éléphant   le singe   le crocodile   l'ours

le

le

la

la ,

un

mal à la tête   mal aux oreilles   mal au ventre   mal au dos   un bras cassé

mal aux dents   la salle d'attente   le médecin   un rhume   la fièvre

Les métiers

une _ _ _ _ _ _ _ _ _ _

une _ _ _ _ _ _ _ _ _

un _ _ _ _ _ _ _ _

un _ _ _ _ _ _ _

un _ _ _ _ _ _ _

une _ _ _ _ _ _ _ _

une _ _ _ _ _ _ _ _ _ _

une _ _ _ _ _ _ _ _ _ _

un _ _ _ _ _ _ _ _

un _ _ _ _ _ _ _ _ _ _ _

---

un médecin / une médecin   un policier / une policière

un vétérinaire / une vétérinaire   un maître / une maîtresse

un acteur / une actrice

Les travaux ménagers

Je / J'...

donne à manger au chat.

aide dans le jardin.

fais mon lit.

promène le chien.

fais la vaisselle

fais mes devoirs

range ma chambre

l' _ _ _ _ _ _ _ _

la _ _ _ _ _ _

l' _ _ _ _ _ _ _ _ _

l' _ _ _ _ _ _ _

la _ _ _ _ _ _

la _ _ _ _ _ _ _

l' _ _ _ _ _

la _ _ _ _ _ _ _

la _ _ _ _ _

l'Italie   l'Angleterre   la Turquie   la Belgique   l'Allemagne
la Russie   la Suisse   l'Espagne   la France

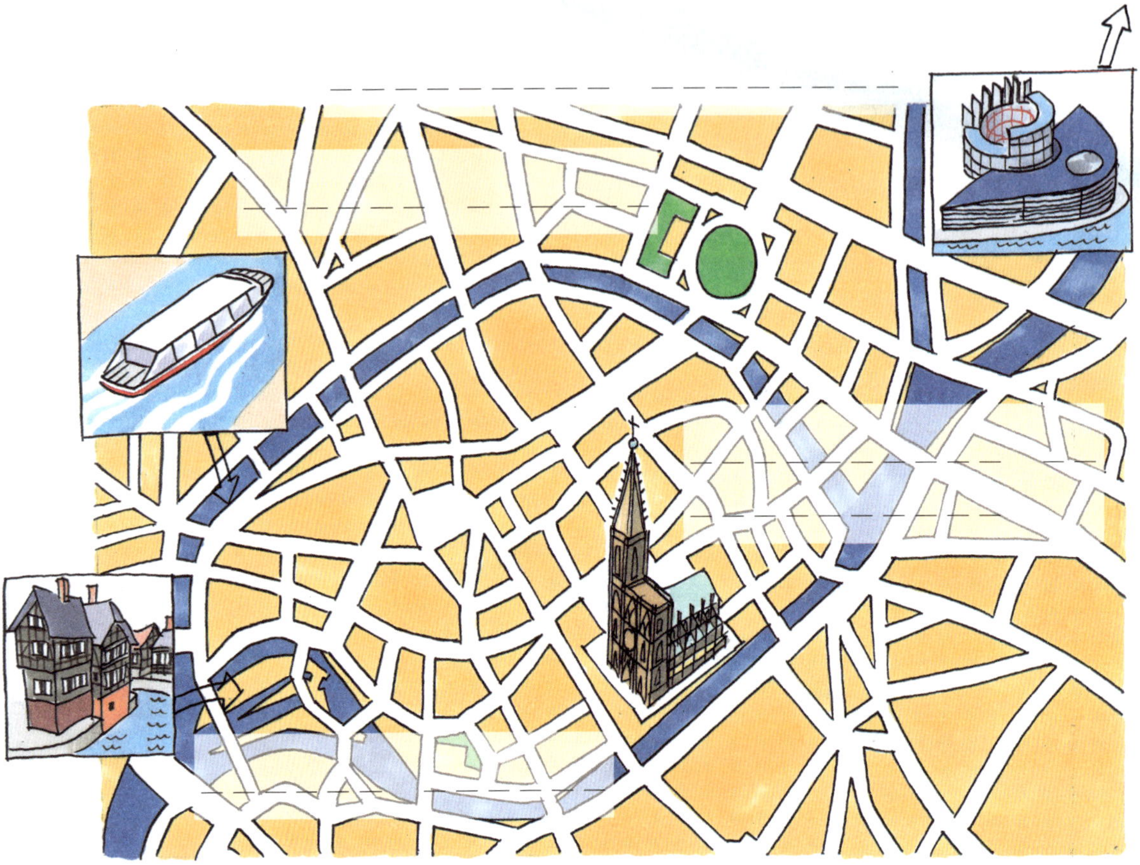

à côté de   derrière   dans   sur   sous   devant

Bateau Mouche   Petite France   Parlement européen

Cathédrale de Strasbourg